BOISSONS, ALCOOLS DÉNATURÉS ET HUILES DE TOUTE SORTE, À L'EXCEPTION DES HUILES MINÉRALES.

NUMÉROS DES ARTICLES.	DATES DES LOIS, ORDONNANCES, décrets ou arrêtés du Gouvernement approuvant les droits — d'octroi.	du Trésor.	DÉSIGNATION DES OBJETS ASSUJETTIS aux droits.	UNITÉ sur laquelle portent les droits.	TAXES D'OCTROI	SURTAXES ou décimes.	MONTANT des droits d'octroi, surtaxes ou décimes compris. (Col. 6 et 7.)	DROITS d'entrée ou de consommation ou principal.	DÉCIMES	MONTANT des droits d'entrée ou de consommation, décimes compris. (Col. 9 et 10.)	TOTAL des deux droits, surtaxes ou décimes compris. (Col. 8 et 11.)
1	2	3	4	5	6	7	8	9	10	11	12
					fr. c.	fr. c.	fr. c.	fr. c.	fr. c.	fr. c.	fr. c.
1	D. 3 nov. 1855. L. 30 déc. 1880.	L. 19 juillet 1880.	Vins en cercles et en bouteilles..........	Hect.	3 60	7 02	10 62	6 60	1 65	8 25	18 87
2	L. 30 déc. 1880.	L. 26 mars 1872. L. 19 juillet 1880.	Alcool pur contenu dans les eaux-de-vie, esprits, absinthes, liqueurs et fruits à l'eau-de-vie en cercles et en bouteilles.	Idem.	24 00	55 80	79 80	140 00	37 25	186 25	266 05
3	"	"	"	"	"	"	"	"	"	"	"
4	"	"	"	"	"	"	"	"	"	"	"
5	"	"	"	"	"	"	"	"	"	"	"
6	D. 3 nov. 1855. L. 30 déc. 1880.	L. 19 juillet 1880.	Cidres, poirés et hydromels..........	Idem.	2 00	2 00	4 00	3 60	0 90	4 50	8 50
7	D. 28 juillet 1874. L. 30 déc. 1880.	L. 2 août 1872.	Alcool pur contenu dans les préparations dites alcools dénaturés......	Idem.	7 50	"	7 50	30 00	7 50	37 50	45 00
8	"	L. 31 déc. 1873.	Huiles et autres liquides pouvant être employés comme huile, à l'exception des huiles minérales..........	100 k.	"	"	"	12 00	3 00	15 00	"

DISPOSITIONS RÉGLEMENTAIRES.

1. La vendange payera le même droit que le vin, dans la proportion de trois hectolitres de vendange pour deux de vin.

2. . . . .

3. La bouteille inférieure au litre et la demi-bouteille sont assimilées aux litre et demi-litre pour la perception des droits sur les boissons et autres liquides mentionnés au présent tarif, à l'exception des esprits et liqueurs

4. *Les vins présentant une force alcoolique supérieure à 15 degrés sont passibles du double droit de consommation, d'entrée et d'octroi, pour la quantité d'alcool comprise entre 15 et 21 degrés. Les vins présentant une force alcoolique supérieure à 21 degrés seront imposés comme alcool pur. (Art. 3 de la loi du 1er septembre 1871.)*

5. Les boissons, eaux de senteur, vernis et tout liquide ou préparation quelconque mélangés d'alcool ou qui ont l'alcool pour base payent le droit à raison de la quantité d'alcool qu'ils contiennent.

6. Lorsque la nature de ces liquides ou mélanges ne permet pas de déterminer la quantité d'alcool nécessaire pour les préparer, ils acquittent le droit à raison de 50 p. o/o de leur volume.

7. Les fruits secs à cidre et à poiré payeront le droit d'octroi à l'entrée dans la proportion de 50 kilogrammes de fruits pour 1 hectolitre de cidre ou de poiré.

8. *Pour la perception du droit d'entrée, 25 kilogrammes de fruits secs comptent comme 1 hectolitre de cidre ou de poiré. (Art. 23 de la loi du 28 avril 1816.)*

9. Les alcools dénaturés conformément aux prescriptions de la loi du 2 août 1872 sont passibles, indépendamment du droit sur l'alcool contenu dans le mélange, de la taxe d'octroi sur le liquide employé à la dénaturation comme s'il était présenté en nature.

10. *Les droits perçus au profit du Trésor sur les boissons, les alcools dénaturés et les huiles de toute sorte, à l'exception des huiles minérales, sont passibles de deux décimes et demi par franc.*

TARIF

DES DROITS D'OCTROI DE PARIS

ET

DES DROITS D'ENTRÉE

rerçus

AU PROFIT DU TRÉSOR PUBLIC.

PARIS.

IMPRIMERIE NATIONALE.

———

OCTOBRE 1885.

TARIF

DES DROITS D'OCTROI DE PARIS

ET

DES DROITS D'ENTRÉE

PERÇUS

AU PROFIT DU TRÉSOR PUBLIC.

NUMÉROS DES ARTICLES. 1	DATES ... d'octroi. 2	du Trésor. 3	DÉSIGNATION des OBJETS ASSUJETTIS AUX DROITS. 4	UNITÉ sur laquelle portent les droits. 5	DROITS D'OCTROI en principal. 6	DÉCIMES. 7	DROITS D'OCTROI, décimes compris. (Col. 6 et 7.) 8	DROITS DE CONSOMMATION perçus au profit du Trésor en principal. 9	DÉCIMES. 10	DROITS de CONSOMMATION perçus au profit du Trésor, décimes compris. (Col. 9 et 10.) 11	TOTAL des deux droits, décimes compris. (Col. 8 et 11.) 12	DISPOSITIONS RÉGLEMENTAIRES. 13
					fr. c.	fr. c.	fr. c.	fr. c.	fr. c.	fr. c.	fr. c.	
			AUTRES LIQUIDES.									
			Vinaigres contenant — 8 p. o/o d'acide acétique et au-dessous	Hectol	15 00	3 00	18 00	4 00	1 00	5 00	23 00	11 Les acétates de toute nature, les acides pyroligneux bruts ou épurés, les pyrolignites et toute autre substance ou liquide, pouvant servir à la fabrication des vinaigres ou des acides acétiques, seront imposés en proportion de la quantité d'acide acétique qu'ils pourront produire. Toutefois, la taxe ne sera pas applicable à celles de ces matières qui, destinées à d'autres industries, seront mises en entrepôt fictif et dont l'emploi serait régulièrement constaté par le service de l'octroi.
			de 9 à 12 p. o/o d'acide acétique....	Idem.	22 50	4 50	27 00	6 00	1 50	7 50	34 50	
			de 13 à 16 p. o/o d'acide acétique....	Idem.	30 00	6 00	36 00	8 00	2 00	10 00	46 00	
9	D. 7 mars 1878.	L. 17 juill. 1875.	*Acides acétiques et vinaigres contenant* — 17 à 30 p. o/o d'acide acétique...	Idem.	50 25	11 25	67 50	15 00	3 75	18 75	86 25	
			31 à 40 p. o/o d'acide acétique....	Idem.	75 00	15 00	90 00	20 00	5 00	25 00	115 00	
			plus de 40 p. o/o d'acide acétique....	Idem.	150 00	30 00	180 00	42 00	10 50	52 50	232 50	
			Acide acétique cristallisable ou à l'état solide.	100 k.	187 50	37 50	225 00	50 00	12 50	62 50	287 50	
10	D. 7 mars 1878.	"	Fruits et conserves au vinaigre, verjus, sureau, hièble en fruits ou en jus, vins gâtés et lies liquides ou épaisses..............	Hectol	10 00	2 00	12 00	"	"	"	"	12 Les fruits et conserves à l'huile ou au vinaigre, avec ou sans liquide, sont imposés sur leur volume total. Toute lie qui n'est pas dans un état de siccité complète est passible du droit.
11	"	"		"	"	"	"	"	"	"	"	

NUMÉROS DES ARTICLES.	DATES des lois, ordonnances, décrets ou arrêtés du Gouvernement approuvant les droits d'octroi.	DÉSIGNATION DES OBJETS ASSUJETTIS AUX DROITS.	UNITÉ sur laquelle portent les droits.	TAXES D'OCTROI.	SURTAXES ou décimes.	DROITS D'OCTROI, surtaxes ou décimes compris. (Col. 5 et 6.)		DISPOSITIONS RÉGLEMENTAIRES.
1	2	3	4	5	6	7		8
				fr. c.	fr. c.	fr. c.		
		AUTRES			**LIQUIDES.** (*Suite.*)			
12	D. 14 mars 1872.	Bière à l'entrée	Hectolitre.	12 50	2 50	15 00	13	Le droit est dû à l'entrée sur les huiles de toute espèce, quel que soit leur emploi.
13	Idem.	Bière à la fabrication	Idem.	12 50	2 50	15 00	14	Les huiles et substances désignées ci-contre, cuites, altérées ou mélangées avec d'autres substances, sont soumises aux droits pour leur volume entier, et sont assujetties au droit le plus élevé des huiles qui entrent dans leur composition. Il n'est fait aucune déduction pour fèces, sédiments ou pieds d'huile.
14	D. 3 nov. 1855.	Chasselas, muscat et autres raisins non foulés de toute espèce	100 kilog.	4 80	0 96	5 76	15	Les graines oléagineuses, les farines en provenant, sont soumises aux droits d'après la quantité d'huile qu'elles sont présumées contenir, et qui sera déterminée par l'Administration de l'octroi, sous l'approbation du préfet.
15	D. 28 juillet 1874. L. 5 août 1874. L. du 29 déc. 1876.	Huile d'olive, fruits et conserves à l'huile, huiles parfumées de toute espèce…	Idem.	49 83	2 62	(1)52 45	16	Les tourteaux de ces mêmes graines, qui ne seraient pas dans un état complet de dessiccation, seront assujettis aux droits dans la proportion de l'huile qu'ils contiendront.
16	D. 28 juillet 1874. L. 5 août 1874. L. du 29 déc. 1876.	Huile de toute autre espèce, provenant de substances animales ou végétales; huiles animales sortant des abattoirs.	Idem.	27 54	5 25	(2)32 79	17	Les pieds de bœuf ou de vache provenant de l'extérieur ou sortant des abattoirs de Paris sont assujettis au droit des huiles autres que celle d'olive, dans la proportion d'un litre d'huile (ou 915 grammes) pour dix pieds. La même disposition est applicable aux pieds de mouton dans la proportion d'un litre d'huile (ou 915 grammes) pour cent soixante pieds, et, pour les pieds de cheval, dans la proportion d'un litre d'huile (ou 915 grammes) pour vingt pieds.
17	D. 28 juillet 1874.	Huiles et essences minérales	Hectolitre.	18 00	3 60	21 60	18	Les vernis, les dégras et autres produits désignés aux articles 18 et 19, qui contiennent plus de la moitié de leur volume en huile, acide oléique ou autres substances imposées comme huile, sont imposés en entier au droit des huiles mentionnées à l'article 16.
18	Idem.	Vernis de toute espèce autres que ceux à l'alcool	Idem.	18 00	3 60	21 60	19	Les mastics sont imposés d'après la quantité d'huile qu'ils contiennent. Il en est de même des cirages contenant plus de 6 p. o/o d'huile.
19	D. 3 nov. 1855. D. 5 juillet 1865.	Blanc de céruse ou de zinc et autres couleurs contenant de l'huile, de l'acide oléique et toute autre substance pouvant être employée comme huile; dégras de toute espèce, graisse ou mélanges pouvant être employés comme dégras ou pour le graissage des machines; fèces, pieds d'huile et autres résidus d'huile.	Idem.	9 50	1 90	11 40	20	Les feutres, cuirs, laines et autres objets quelconques, traités ou préparés à l'alcool ou à l'huile, qui laisseraient échapper de ces liquides, ou dont il serait possible de les extraire, seront imposés en raison de la quantité qu'ils en contiendront.
20	D. 3 nov. 1855. D. 5 juillet 1865.	Essences autres que les essences minérales, liquides de toutes sortes pouvant être employés comme essence et tous produits liquides résultant de la distillation des goudrons, assimilables à l'essence.	Idem.	8 50	1 70	10 20	21	Toute substance désignée dans l'article ci-contre, cuite, altérée ou mélangée, est taxée comme essence pure.
21	Idem.	Goudrons liquides à l'état brut et liquides provenant de la distillation des goudrons, non assimilables à l'essence.	100 kilog.	0 60	0 12	0 72		

(1) Voir à l'article 8, colonne 11, pour les droits du Trésor.
(2) Même observation.

COMESTIBLES.

NUMÉROS DES ARTICLES. 1	DATES des LOIS, ORDONNANCES, décrets ou arrêtés du Gouvernement approuvant les droits d'octroi. 2	DÉSIGNATION DES OBJETS ASSUJETTIS AUX DROITS. 3	UNITÉ sur laquelle portent les droits. 4	DROITS D'OCTROI en principal. 5 fr. c.	DÉCIMES 6 fr. c.	DROITS D'OCTROI, décimes compris. (Col. 5 et 6.) 7 fr. c.	DISPOSITIONS RÉGLEMENTAIRES. 8
22	D. 3 nov. 1855.	Viande de bœuf, vache, veau, mouton, agneau, bouc et chèvre sortant des abattoirs de la ville de Paris........	100 kilog.	8 85	0 885	9 735	**22** Aucune déduction n'est faite sur le poids des animaux abattus de toute espèce, pour la peau qui y serait encore adhérente, ni pour les abats et issues qui n'en auraient point été séparés.
23	Idem.	Les mêmes viandes venant de l'extérieur, fraiches ou salées, dites *viande à la main*......................	Idem.	10 55	1 055	11 005	**23** Les langues de bœuf ou de vache payent comme viande; on en évalue le poids lorsqu'elles tiennent encore à la tête. Les cervelles et rognons des mêmes animaux, les foies, ris et cervelles de veau et les rognons de mouton, détachés des issues, payent également comme viande.
24							**24** Le droit de la viande de boucherie à la main et celui des porcs abattus sont dus, conformément à l'article 36 de l'ordonnance du 9 décembre 1814, sur les animaux nés dans l'intérieur, ainsi que sur ceux entrés vivants sous consignation et abattus exceptionnellement hors des abattoirs publics.
25	Idem.	Porcs abattus, viande dépecée fraiche provenant de ces animaux; graisses, gras de porc et ratis fondus ou non, sortant des abattoirs de la ville de Paris......................	Idem.	8 85	0 885	9 735	
26	Idem.	Les mêmes viandes et graisses comestibles de toute nature venant de l'extérieur, lards salés et petit salé de porc......................	Idem.	10 55	1 055	11 005	
27	Idem.	Saucissons, jambons, viandes fumées de toute espèce, et toute charcuterie...	Idem.	20 70	2 07	22 77	
28							
29	D. 3 nov. 1855. D. 30 nov. 1872.	Truffes, pâtés et terrines truffés, volaille et gibier truffés...............	Idem.	120 00	24 00	144 00	
30	Idem.	Pâtés et terrines non truffés, viandes confites, poissons marinés ou à l'huile.	Idem.	30 00	6 00	36 00	

NUMÉROS DES ARTICLES.	DATES des LOIS, ORDONNANCES, décrets ou arrêtés du Gouvernement approuvant les droits d'octroi.	DÉSIGNATION DES OBJETS ASSUJETTIS AUX DROITS.	UNITÉ sur LAQUELLE portent les droits.	DROITS D'OCTROI en principal.	DÉCIMES	DROITS D'OCTROI, décimes compris. (Col. 5 et 6.)	DISPOSITIONS RÉGLEMENTAIRES.
1	2	3	4	5	6	7	8
				fr. c.	fr. c.	fr. c.	
				Suite des		COMESTIBLES.	
31		1re catégorie. Coqs de bruyère, outardes, cane-petières, faisans, perdrix, bar-tavelles, lagopèdes ou perdrix blanches, grouses, bécasses, bé-cassines; coqs de bois, gelinottes, cailles, alouettes, grives, râles de genêt, becfigues, ortolans; lots de crêtes de coqs, rognons de poulets, foies d'oie et de canard.	100 kilog.	62 50	12 50	75 00	
32	D. 28 juillet 1874.	2e catégorie. Dindes, canards domestiques, pou-lets, pintades, pigeons, oies sauvages, canards sauvages, ca-nards pilets, canards milouins, canards siffleurs, rouges de ri-vière, sarcelles, poules d'eau, râles d'eau, pluviers, vanneaux, merles; chevreuils..........	Idem.	25 00	5 00	30 00	
33		3e catégorie. Oies domestiques; lièvres, lapins de garenne; cerfs et biches, daims, chamois et isards; san-gliers et marcassins; héris-sons, écureuils; cochons de lait; ours, bisons; poules de prairies, macreuses, pigeons ramiers et tous gibiers ou vo-lailles entrant dans l'alimenta-tion, non compris dans les précé-dentes catégories...........	Idem.	15 00	3 00	18 00	
34		4e catégorie. Lapins domestiques et chevreaux..	Idem.	7 50	1 50	9 00	

Volatile et gibier de toute espèce.

NUMÉROS DES ARTICLES.	DATES des lois, ordonnances, décrets ou arrêtés du Gouvernement approuvant les droits d'octroi.	DÉSIGNATION DES OBJETS ASSUJETTIS AUX DROITS.	UNITÉ sur laquelle portent les droits.	DROITS D'OCTROI en principal.	DÉCIMES	DROITS D'OCTROI, décimes compris. (Col. 5 et 6.)	DISPOSITIONS RÉGLEMENTAIRES.
1	2	3	4	5	6	7	8
				fr. c.	fr. c.	fr. c.	
				Suite des	COMESTIBLES.		
35		**Poissons.** 1re catégorie. Saumons, truites de toute espèce, ombres-chevaliers, barbues, turbots, bouquets, rougets barbets ou de la Méditerranée, langoustes, homards, féras, écrevisses et bars.	100 kilog.	33 50	0 70	40 20	24 bis Tous les poissons, crustacés et mollusques non dénommés ci-contre, à l'exception des huîtres, qui sont l'objet d'une tarification spéciale, laquelle reste en vigueur, sont affranchis de tous droits d'octroi à l'entrée de Paris.
36	D. 3o nov. 1872. D. 3o déc. 1878.	2e catégorie. Mulets, lamproies, esturgeons, sterlets, soles, anguilles, brochets, carpes et carpeaux, perches et goujons.................	Idem.	18 00	3 60	21 60	
37		....	"	"	"	"	
38	D. 23 avril 1875.	**Huîtres fraîches.** 1re catégorie. à coquilles lourdes pesant 15 kilog. et au-dessus le cent d'huîtres...	Idem.	5 00	1 00	6 00	
39	Idem.	2e catégorie. à coquilles légères pesant moins de 15 kilog. le cent d'huîtres.....	Idem.	15 00	3 00	18 00	
40	Idem.	3e catégorie. d'Ostende...................	Idem.	30 00	6 00	36 00	
40 bis	D. 4 juillet 1877.	4e catégorie. de Portugal...................	Idem.	5 00	1 00	6 00	
40 ter	D. 3 nov. 1855.	Huîtres marinées	Idem.	10 00	2 00	12 00	
41	D. 3o nov. 1872. D. 3o déc. 1878.	Beurres de toute espèce, margarines, beurrines et autres produits analogues ayant l'apparence du beurre.......	Idem.	12 00	2 40	14 40	
42	D. 3 nov. 1855. D. 3o nov. 1872.	Fromages secs..................	Idem.	9 50	1 90	11 40	
43	D. 3o nov. 1872. D. 3o déc. 1878.	Œufs	Idem.	3 50	0 70	4 20	

COMBUS TIBLES.

NUMÉROS DES ARTICLES.	DATES des LOIS, ORDONNANCES, décrets ou arrêtés du Gouvernement approuvant les droits d'octroi.	DÉSIGNATION DES OBJETS ASSUJETTIS AUX DROITS.		UNITÉ sur LAQUELLE portent les droits.	DROITS D'OCTROI en principal.	DÉCIMES	DROITS D'OCTROI, décimes compris. (Col. 5 et 6.)		DISPOSITIONS RÉGLEMENTAIRES.
1	2	3		4	5	6	7		8
					fr. c.	fr. c.	fr. c.		
44	D. 3 nov. 1855.	Bois à brûler autres que ceux désignés ci-après...	d'essence dure...	Stère.	2 50	0 50	3 00	25	En cas de mélange de bois dur, de bois blanc, de menuise, la distinction cessera d'être observée, et le droit le plus élevé sera appliqué sur la totalité du chargement.
			d'essence tendre..	Idem.	1 85	0 37	2 22		
45	D. 28 juillet 1874.	Cotrets de bois dur, menuise de bois dur et de bois blanc, cotrets de menuise et fagots de toute espèce.........		Idem.	1 50	0 30	1 80	26	Tout cotret de bois dur ayant plus de 66 centimètres de longueur et de 50 centimètres de circonférence, et contenant moins de quatre morceaux, est imposé au droit du bois dur.
								27	La menuise est le bois rond coupé à la longueur de 1 m. 13 cent. ayant moins de 16 centimètres de circonférence.
46	D. 3 nov. 1855. D. 29 juillet 1858.	Charbon de bois, charbon artificiel et toute composition pouvant remplacer le charbon de bois..............		Hectolitre.	0 50	0 10	0 60	28	Les perches ayant moins de 16 centimètres de circonférence moyenne acquittent comme menuise; de 16 à 38 centimètres, elles payent comme bois à brûler; au-dessus de 38 centimètres, elles acquittent comme bois à ouvrer.
47	Idem.	Poussier de charbon de bois, tan carbonisé et toute composition pouvant remplacer le poussier de charbon de bois et ne dépassant pas sa dimension.		Idem.	0 25	0 05	0 30	29	Les fagots de toute espèce payent le droit entier. Tout parement ayant 16 centimètres de circonférence et au-dessus sera distrait du fagot et rangé pour la taxe dans la classe du bois dur ou du bois blanc; le surplus restera imposable comme fagot.
48	D. 1er avril 1854. D. 29 juillet 1858. D. 5 juillet 1865.	Anthracite, houille de toute espèce, lignite, boghead, cannel coal, tourbe carbonisée et épurée et coke.......		100 kilog.	0 60	0 12	0 72	30	Le cubage servira de base pour établir la perception sur les chargements de charbon de bois, de bois à brûler, et généralement de tous les bateaux, trains et voitures susceptibles d'être cubés.
								31	Le poussier de charbon de bois se compose de fragments ayant 3 centimètres au plus de longueur.
								32	La tourbe à l'état brut et le poussier de coke ne payent que le demi-droit. L'escarbille, les briquettes et tous les combustibles dans lesquels il entre du charbon de terre acquittent le droit entier. Il en est de même de tout résidu ou poussier de charbon de terre.
								33	Les quantités de charbon de terre, de coke et de tout autre combustible contenues dans chaque bateau seront reconnues d'après le volume d'eau déplacé par le bateau.

MATÉRIAUX.

NUMÉROS DES ARTICLES. (1)	DATES des LOIS, ORDONNANCES, décrets ou arrêtés du Gouvernement approuvant les droits d'octroi. (2)	DÉSIGNATION DES OBJETS ASSUJETTIS AUX DROITS. (3)	UNITÉ sur LAQUELLE portent les droits. (4)	DROITS D'OCTROI en principal. (5) fr. c.	DÉCIMES (6) fr. c.	DROITS D'OCTROI, décimes compris. (Col. 5 et 6.) (7) fr. c.		DISPOSITIONS RÉGLEMENTAIRES. (8)
49	D. 5 juillet 1865.	Chaux grasse, chaux hydraulique en pierre ou en poudre, ciments de toute espèce et mélanges contenant ces substances......................	100 kilog.	1 00	0 20	1 20	34	La chaux éteinte en pâte, le mortier dans lequel il entre de la chaux, la pierre à chaux et le poussier de cette pierre ne payent que le demi-droit. *Les carreaux de ciment sont imposés comme ciment pour leur poids intégral (Décret du 20 avril 1882.)* La taxe ci-contre n'est pas applicable à la chaux employée comme engrais, lorsque cet emploi aura été régulièrement constaté par voie d'exercice et de vérification à domicile.
50	D. 3 nov. 1855.	Plâtre...........................	Hectolitre.	0 35	0 07	0 42	35	La pierre à plâtre et le poussier de pierre à plâtre payent à raison des sept dixièmes de leur volume. *Les carreaux de plâtre acquittent la taxe comme plâtre; le droit est calculé d'après le volume total. (Décret du 20 avril 1882.)*
51	D. 18 juillet 1874.	Moellons de toute espèce et meulière de toute dimension..................	Mèt. cube.	1 00	0 20	1 20	36	La pierre dite *granit de Cherbourg* est, pour la perception, assimilée à la pierre de taille.
52	*Idem.*	Pierres de taille, dalles et carreaux de pierre de toute espèce............	Idem.	3 50	0 70	4 20		
53	D. 28 juillet 1874.	Marbres et granits	Idem.	25 00	5 00	30 00		
54	D. 12 juillet 1882.	*Fer, acier Bessemer et autre métal ferro-aciéreux.* Poitrails, solives, pièces pour combles, marches d'escalier, fers à T de toutes espèces, tôles striées et ondulées, chasse-roues, rails de toutes espèces. *Fer.* Fers tors et à croix; fers à olive, fers à moulure, fers à vitrage de toutes dimensions, fers rainés de toutes dimensions, fers cornières et d'angles de toutes espèces, fers demi-ronds de 25 millimètres et au-dessus, larges plats de 175 millimètres de largeur et au-dessus et d'une épaisseur minimum de 6 millimètres; fers creux ou tubes de toutes espèces, les tubes de tôle exceptés, coussinets et plaques tournantes.	100 kilog.	3 60	"	3 60	37	1° Les déclarations devront indiquer le nombre des pièces de chaque espèce, leurs dimensions et le poids total du fer et de la fonte composant chaque chargement. 2° En cas de mélange de fer et de fonte, si le mélange ne permet pas de faire la vérification par nature de métal, le tout sera imposé comme fer. 3° Les quantités arrivant par eau pourront d'un commun accord être reconnues par le volume d'eau déplacé par le bateau. 4° Ne sont pas imposables, les rails, coussinets et plaques tournantes en fer, acier ou fonte, des chemins de fer proprement dits, qualifiés comme tels dans les déclarations d'utilité publique et dans les actes de concession, et dont la nue propriété appartient à l'État ou au département. 5° Ne sont pas imposables, les tubes, tuyaux, manchons et consoles en fer, acier ou fonte, employés par l'administration des postes et des télégraphes à l'établissement des lignes télégraphiques.

NUMÉROS DES ARTICLES.	DATES DES LOIS, ORDONNANCES, décrets ou arrêtés du Gouvernement approuvant les droits d'octroi.	DÉSIGNATION DES OBJETS ASSUJETTIS AUX DROITS.	UNITÉ SUR LAQUELLE portent les droits.	DROITS D'OCTROI en principal.	DÉCIMES	DROITS D'OCTROI, décimes compris. (Col. 5 et 6.)	DISPOSITIONS RÉGLEMENTAIRES.
1	2	3	4	5	6	7	8
				fr. c.	fr. c.	fr. c.	

Suite des MATÉRIAUX.

Fonte.

54 Suite.	D. 12 juillet 1882.	Ancres, appareils à tubes, archivoltes, arrêts de portes, auges de malaxeurs, autels.......................... Bagues pour barreaux de rampes et grilles, balcons de croisées, baldaquins, balustrades de toutes espèces, balustres, bornes à scellement, barillets, barres d'appui bases pour barreaux de rampes et grilles, bases pour colonnes, bases pour pilastres, bassins de fontaines, battements de portes, boisseaux, boîtes hydrauliques, bornes unies et ornées, bornes-fontaines, bouches de calorifères, bouches à clefs, bouches de chargement de fours à coke, bouches de fours, bouchons de fourneaux, boules de cloches, boules de rampes unies et ornées.......... Cadres de trémies, candélabres de ville, caniveaux, cariatides, cercles de cloches, chaires à prêcher, chambranles de cheminées, chapiteaux de toutes espèces, chasse-roues, châssis de toutes espèces, clapets de sûreté, cloches longues et rondes, colonnes de toutes espèces, consoles de toutes espèces, coudes de tuyères, coudes de tous diamètres, couronnements de portes et de cheminées, coussinets, crapaudines, crémaillères, croisées à vitraux, croix de tous diamètres, culottes d'articulation, cuves de régulateurs, cuvettes de chéneaux, cuvettes d'égouts, cuvettes d'urinoirs, cuvettes de plombs, cuvettes à bascule, cylindres ordinaires de fumisterie, cylindres ellipsoïdes	100 kil.	2 40	»	2 40	Voir la disposition n° 37 d'autre part.

NUMÉROS DES ARTICLES.	DATES des LOIS, ORDONNANCES, décrets ou arrêtés du Gouvernement approuvant les droits d'octroi.	DÉSIGNATION DES OBJETS ASSUJETTIS AUX DROITS.	UNITÉ sur LAQUELLE portent les droits.	DROITS D'OCTROI en principal.	DÉCIMES	DROITS D'OCTROI, décimes compris. (Col. 5 et 6.)	DISPOSITIONS RÉGLEMENTAIRES.
1	2	3	4	5	6	7	8
				fr. c.	fr. c.	fr. c.	
			Suite des MATÉRIAUX.				
		Fonte. (Suite.)					
		Dauphins, décrottoirs à scellement, dessus de portes, devantures de cloches, disques de trémies...............					
		Embases de cheminées, embases de colonnes, embases carrées et rondes, embases de jeux d'orgues, embases de condenseurs, encorbellements de trottoirs, entourages de tombes, entre-deux de grilles, entretoises de bukstear, escaliers, éviers............					
		Faisceaux-colonnes pour grilles, flasques de galets, fleurons, foyers de cloches, foyers de cheminées, frises de toutes espèces, fuseaux de rampes, fûts d'articulations...............					
54 Suite.	D. 12 juillet 1882.	Garde-corps de ponts, gargouilles, garnitures de rampes de toutes espèces, glands, glissières de registres, grilles d'entourage et de clôture de toutes espèces, grilles-mosaïques à scellement; grilles d'égout à scellement...	100 kilog.	2 40	»	2 40	Voir la disposition n° 37 d'autre part.
		Impostes, intérieurs de cheminées.....					
		Jets d'eau pour portes et croisées......					
		Lambrequins, lances unies et ornées, linteaux, lucarnes..............					
		Mains courantes pour balcons, manchons, mangeoires à scellement, marches d'escalier, mascarons d'applique, moulures....................					
		Obturateurs hydrauliques, ornements funéraires à scellement, ornements de grilles, ornements religieux à scellement.........................					

NUMÉROS DES ARTICLES. 1	DATES des lois, ordonnances, décrets ou arrêtés du Gouvernement approuvant les droits d'octroi. 2	DÉSIGNATION DES OBJETS ASSUJETTIS AUX DROITS. 3	UNITÉ sur laquelle portent les droits. 4	DROITS D'OCTROI en principal. 5	DÉCIMES. 6	DROITS D'OCTROI, décimes compris. (Col. 5 et 6.) 7	DISPOSITIONS RÉGLEMENTAIRES. 8
				fr. c.	fr. c.	fr. c.	
		Suite des MATÉRIAUX.					
		Fonte. (Suite.)					
54 Suite.	D. 12 juillet 1880.	Palmettes d'applique, panneaux de portes, patins de guides, pavots, pentures de portes, piédestaux d'articulations, pilastres, pipes, pitons de rampes, plaques tournantes, plaques pleines, plaques de parquet, plaques ornées et autres de toutes espèces, plongeurs, pommes de pin, pommes de rampes ornées, pommes de rampes boules, pommes de poteaux de stalles d'écurie, pompes à scellement, ponts, porte-galets, portes de cendriers et autres de toutes espèces, portes de foyers, poteaux d'affiches, poteaux pour stalles d'écurie, pots de fourneaux, presse-étoupes d'articulations............					
		Quilles de fuitage.................					
		Raccords de canalisation, rampes d'escalier, râteliers, regards d'égouts, regards de trottoirs et autres de toutes espèces, registres de fumisterie, robinets, rosaces de toutes espèces......	100 kilog.	2 40	"	2 40	Voir la disposition n° 37 d'autre part.
		Sabliers d'applique, scellements de balcons, siphons, sommiers de foyers, supports de chemins de roulement, supports de grilles..............					
		Tabliers de grilles, tampons de regards, tampons de bouches à clefs, têtes de cornues, têtes de pipes, traverses, trémies, tronçons de guides, tubulures de tous diamètres, tuyaux de descente d'eau, tuyaux T, tuyaux de tous diamètres et de toutes espèces, tympes marâtres pour barreaux ronds............					
		Urinoirs, urnes à scellement........				38	....
		Vannes ou valves, vannes hydrauliques, vasques, ventouses..............				39	....

NUMÉROS DES ARTICLES	DATES des lois, ordonnances, décrets ou arrêtés du Gouvernement approuvant les droits d'octroi	DÉSIGNATION DES OBJETS ASSUJETTIS AUX DROITS.	UNITÉ sur laquelle portent les droits.	DROITS D'OCTROI en principal.	DÉCIMES	DROITS D'OCTROI, décimes compris. (Col. 5 et 6.)		DISPOSITIONS RÉGLEMENTAIRES.
1	2	3	4	5	6	7		8
				fr. c.	fr. c.	fr. c.		
				Suite de		MATÉRIAUX.		
55	D. 28 juillet 1874.	Ardoises de grande dimension........	Millier.	5 00	1 00	6 00	40	La dimension des grandes ardoises est de 451 à 700 centimètres carrés de superficie, celles des petites est de 450 et au-dessous. Les ardoises ayant une surface supérieure à 700 centimètres sont soumises au droit proportionnel.
56	Idem.	Ardoises de petite dimension.........	Idem.	3 00	0 60	3 60		
57	D. 20 avril 1882.	Briques pleines.....................	100 kil.	0 30	"	0 30		
58	Idem.	Briques creuses, tuiles..............	Idem.	0 36	"	0 36	41	....
59	Idem.	Carreaux de terre cuite.............	Idem.	0 60	"	0 60	42	Les briques, tuiles, carreaux, pots creux, mitres, tuyaux et poteries de toute espèce non cuits acquittent le droit entier.
60	Idem.	Pots creux, mitres, tuyaux et poterie de toute espèce employés dans la construction et le jardinage..........	Idem.	0 60	"	0 60	43	Les briques, tuiles et carreaux cassés ne payent que le demi-droit.
61	Idem.	Carreaux et panneaux de faïence......	Idem.	2 70	"	2 70		
62	D. 28 juillet 1874.	Argile, terre glaise et sable gras......	Mèt. cube.	1 50	0 30	1 80	44	Les briques et autres terres cuites pulvérisées, ainsi que les pouzzolanes ne contenant pas de chaux, sont exemptes des droits.

BOIS À OUVRER, BATEAUX ET BOIS DE DÉCHIRAGE.

NUMÉROS DES ARTICLES	DATES	DÉSIGNATION DES OBJETS	UNITÉ	DROITS en principal	DÉCIMES	DROITS décimes compris		DISPOSITIONS RÉGLEMENTAIRES.
63	D. 3 nov. 1855.	Bois de chêne, châtaignier, orme, frêne, charme, noyer, merisier, acacia, érable, prunier, pommier et autres bois d'essence dure, en grume ou équarris, débités en sciage ou en fente, façonnés ou non.......................	Stère.	9 40	1 88	11 28	45	Dans l'application du droit, il est fait déduction de l'écorce.
							46	Il est accordé sur les longueurs, et suivant l'étendue du mal, pour malandres visibles et palpables, nœuds pourris et vermoulus, une déduction qui ne pourra excéder un mètre.
64	Idem.	Bois de sapin, platane, peuplier, bouleau, aune, tilleul, saule, marronnier et autres bois d'essence tendre, en grume ou équarris, débités en sciage ou en fente, façonnés ou non...........	Idem.	7 50	1 50	9 00	47	Tous les bois neufs ouvrés, plaqués ou non, ferrés ou non, sont soumis aux mêmes droits que les bois non travaillés. Ceux qui, par leur forme ou leur volume, offriraient des difficultés de mesurage, seront imposés dans la proportion de 900 kilogrammes pour un stère de bois dur, et de 600 kilogrammes pour un stère de bois blanc.
65	Idem.	Lattes et treillages.................	100 bottes	9 40	1 88	11 28	48	Les bois de démolition ou autres ayant servi acquittent les mêmes droits que les bois neufs, sous déduction des défectuosités qu'ils présenteront. Lorsque ces bois seront reconnus ne pouvoir être employés comme bois de travail, ils seront imposés comme bois de chauffage, suivant leur nature.
66	Idem.	Bateaux en chêne..................	Par bateau	24 00	4 80	28 80	49	La botte de lattes se compose de 50 lattes de 1 m. 30 cent. de longueur et de 5 centimètres de largeur; la botte de treillage contient 70 mètres de longueur de treillage. Au-dessus de ces nombres et dimensions, le droit est proportionnel.
67	Idem.	Bateaux en sapin..................	Idem.	12 00	2 40	14 40		
68	Idem.	Bois de déchirage en chêne..........	Mèt. carré.	0 18	0 036	0 216	50	Tout bateau faisant exception par la dimension à la toue ordinaire payera le droit par mètre carré.
69	Idem.	Bois de déchirage en sapin...........	Idem..	0 10	0 02	0 12		

NUMÉROS DES ARTICLES.	DATES des LOIS, ORDONNANCES, décrets ou arrêtés du Gouvernement approuvant les droits d'octroi.	DÉSIGNATION DES OBJETS ASSUJETTIS AUX DROITS.	UNITÉ sur LAQUELLE portent les droits.	DROITS D'OCTROI en principal.	DÉCIMES	DROITS D'OCTROI, décimes compris. (Col. 5 et 6.)	DISPOSITIONS RÉGLEMENTAIRES.
1	2	3	4	5	6	7	8
				fr. c.	fr. c.	fr. c.	
				FOUR		RAGES.	
70	D. 3 nov. 1855.	Foin, sainfoin, luzerne et autres fourrages secs.	100 bottes de 5 kil.	5 00	1 00	6 00	51 Le droit se perçoit sur le nombre total des bottes, sans aucune déduction ni tolérance.
71	Idem.	Paille.	Idem.	2 00	0 40	2 40	52 Les fourrages non bottelés payent le droit au poids dans la proportion réglée ci-contre.
72	Idem.	Avoine.	100 kilog.	1 25	0 25	1 50	53 Lorsque le poids des bottes excédera 5 kilogrammes, le droit sera perçu dans la proportion de l'excédent.
73	Idem.	Orge.	Idem.	1 60	0 32	1 92	54 Les foins et fourrages verts sont exempts du droit.
							55 L'avoine et l'orge en gerbes acquittent séparément pour la quantité de grain et de paille.
				OBJETS		DIVERS.	56 Les avoines et orges moulues acquittent comme en grain. L'orge mondé est exempt du droit.
74	D. 3 nov. 1855. D. 13 oct. 1866.	Sel gris ou blanc.	100 kilog.	5 00	1 00	6 00	57 Les eaux salées payent le droit dans la proportion du sel qu'elles contiennent.
75	D. 28 juillet 1874.	Cire blanche, spermacéti raffiné et pressé; cire jaune.	Idem.	35 00	7 00	42 00	58 La taxe ci-contre n'est pas applicable aux sels dont la dénaturation aura eu lieu dans les fabrications industrielles, lorsque cet emploi, constaté par l'administration des douanes, aura motivé une décharge régulière de ce produit, en ce qui concerne les droits du Trésor.
76	Idem.	Bougie stéarique, acides stéariques et margariques, et autres substances pouvant remplacer la cire, telles que la paraffine, etc., spermacéti brut.	Idem.	20 00	4 00	24 00	59 Les filés de cire jaune ne sont soumis qu'au demi-droit.
77	Idem.	Suifs de toute espèce, bruts ou fondus sous toute forme, vieux oings et graisses de toute espèce, non comestibles, venant de l'extérieur, sortant des abattoirs ou des suifferies et fondoirs particuliers.	Idem.	10 00	2 00	12 00	60 Les suifs et graisses mélangés de toute autre substance, les chandelles, torches et lampions composés des mêmes mélanges, acquittent comme suif.
78	D. 5 juillet 1865.	Asphalte, bitume, brai de toute sorte, goudrons naturels ou artificiels non imposables comme essences ou comme goudrons liquides, et résidus non imposables comme essences provenant de la houille, du gaz et de toutes autres matières organiques.	Idem.	0 60	0 12	0 72	

DROIT FIXE

PERÇU PAR TÊTE DE BÉTAIL,

EN VERTU DE L'ORDONNANCE ROYALE DU 23 DÉCEMBRE 1846.

Par bœuf... 53f

—— vache... 35

—— veau.. 11

—— mouton, bouc ou chèvre.............................. 4

—— porc... 14

DISPOSITIONS GÉNÉRALES.

Sont passibles des droits d'octroi tous les objets compris au présent tarif, récoltés, préparés ou fabriqués dans l'intérieur de Paris, conformément à l'article 11 de la loi du 27 frimaire an VIII et à l'article 36 de l'ordonnance royale du 9 décembre 1814.

Les droits d'octroi qui auraient été acquittés sur les matières employées dans les préparations ou fabrications, et dont le payement serait régulièrement justifié, seront précomptés sur les droits dus par les nouveaux produits confectionnés, mais sans que cé décompte puisse jamais donner lieu à remboursement d'aucune portion des droits payés à l'entrée, dans le cas où ils se trouveraient excéder ceux des nouveaux produits.

Tout mélange d'objets imposés avec des objets non compris au tarif ou d'objets assujettis à des droits différents donne lieu, dans le premier cas, au payement du droit sur le tout; dans le second cas, à l'application, également sur le tout, du droit le plus élevé, sans préjudice de la saisie pour non-déclaration de ces mélanges.

Pour tous les objets tarifés au poids, il est fait déduction de la tare des tonneaux, caisses, paniers ou vases qui les contiennent.

TARIF

des droits d'octroi établis dans la BANLIEUE DE PARIS sur l'alcool pur.

DÉSIGNATION DES OBJETS ASSUJETTIS.	UNITÉ sur laquelle portent les droits.	DROITS d'octroi.	DATES DES ACTES qui approuvent les tarifs.	OBSERVATIONS.
		fr. c.		
Alcool pur contenu dans les eaux-de-vie, esprits, absinthe, liqueurs et fruits à l'eau-de-vie en cercles et en bouteilles.............	Hectol.	66 50	Loi du 30 décembre 1873. Loi du 30 décembre 1880.	Les dispositions de l'article 23 de la loi du 28 avril 1816 continueront à recevoir leur exécution en ce qui concerne les eaux-de-vie et esprits altérés par un mélange quelconque ou dont la dénaturation n'aura pas lieu conformément aux prescriptions des règlements d'administration publique. (Art. 5 de la loi du 23 juillet 1843.)

Pour extrait conforme :

Les Membres du Conseil d'administration de l'Octroi.

Le Directeur, Président.

LOUIS BIGOT.

Les Régisseurs,

MAUCLÈRE, MADIER DE MONTJAU, FAIVRE.

IMPRIMERIE NATIONALE. — Octobre 1885.